はるは

さく　ジャニーナ・ドマンスカ

やく　谷川　俊太郎

童話館出版

SPRING IS
by
Janina Domanska Laskowski

はるは

さく／ジャニーナ・ドマンスカ
やく／谷川俊太郎

発行者 川端 翔 発行所 童話館出版
2018 年 2 月 20 日 第 1 刷 発行
2025 年 2 月 20 日 第 8 刷 発行
〒 850-0055 長崎市中町 5 番 21 号
TEL 095(828)0654 FAX 095(828)0686
https://douwakan.co.jp
印刷・製本 大村印刷株式会社
32P 25.5×21cm NDC933 ISBN978-4-88750-288-8

ヴィトルドへ
あいをこめて

はるは　はるさめ

はるは　はなざかり

はるは　うたう

なつは　ざっぶーん

なつは　ぴょんぴょん

なつは　ぶんぶん

なつは　うとうと

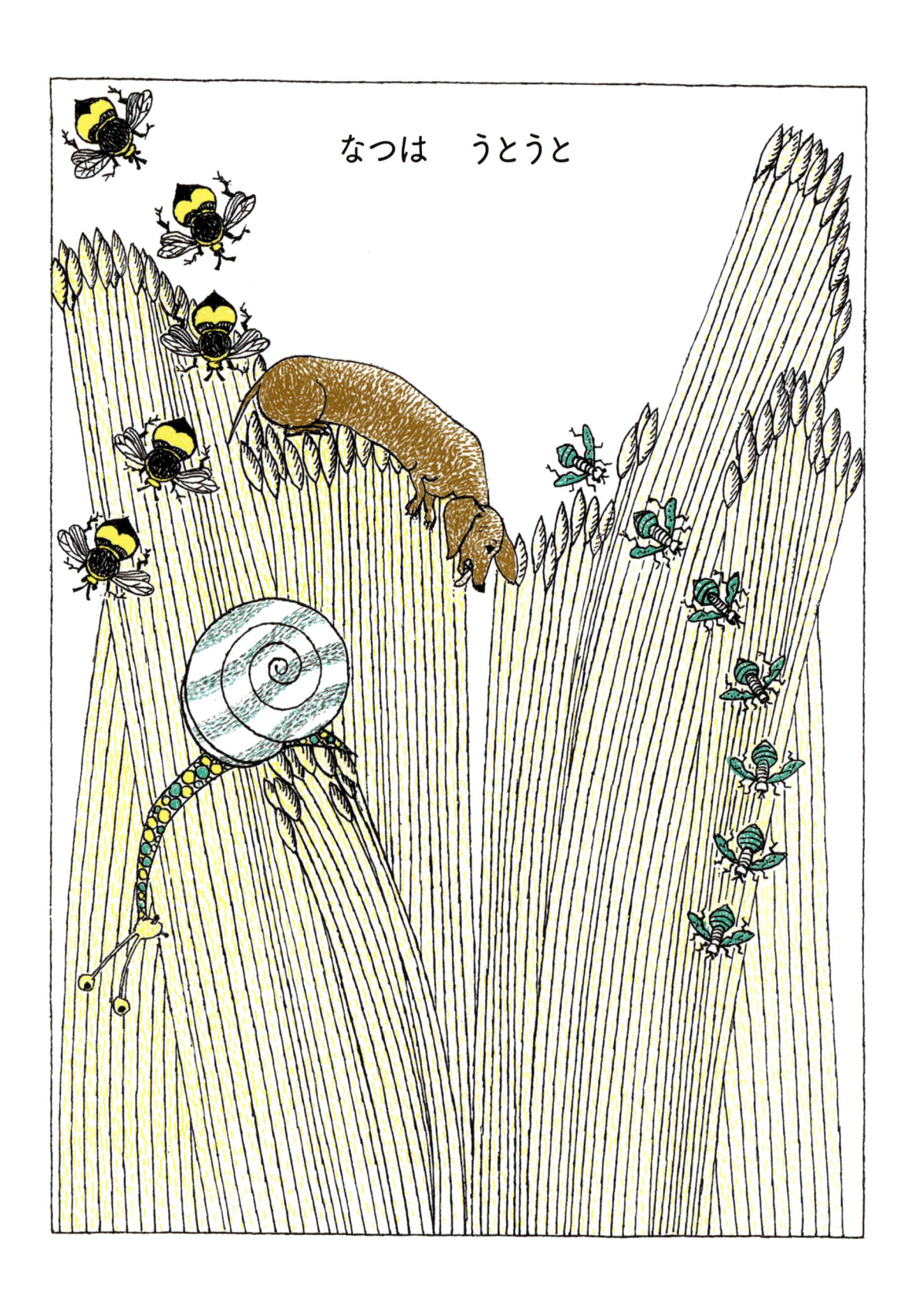

あきは　あれれ？

あきは　はっぱら

あきは　はっくしょん

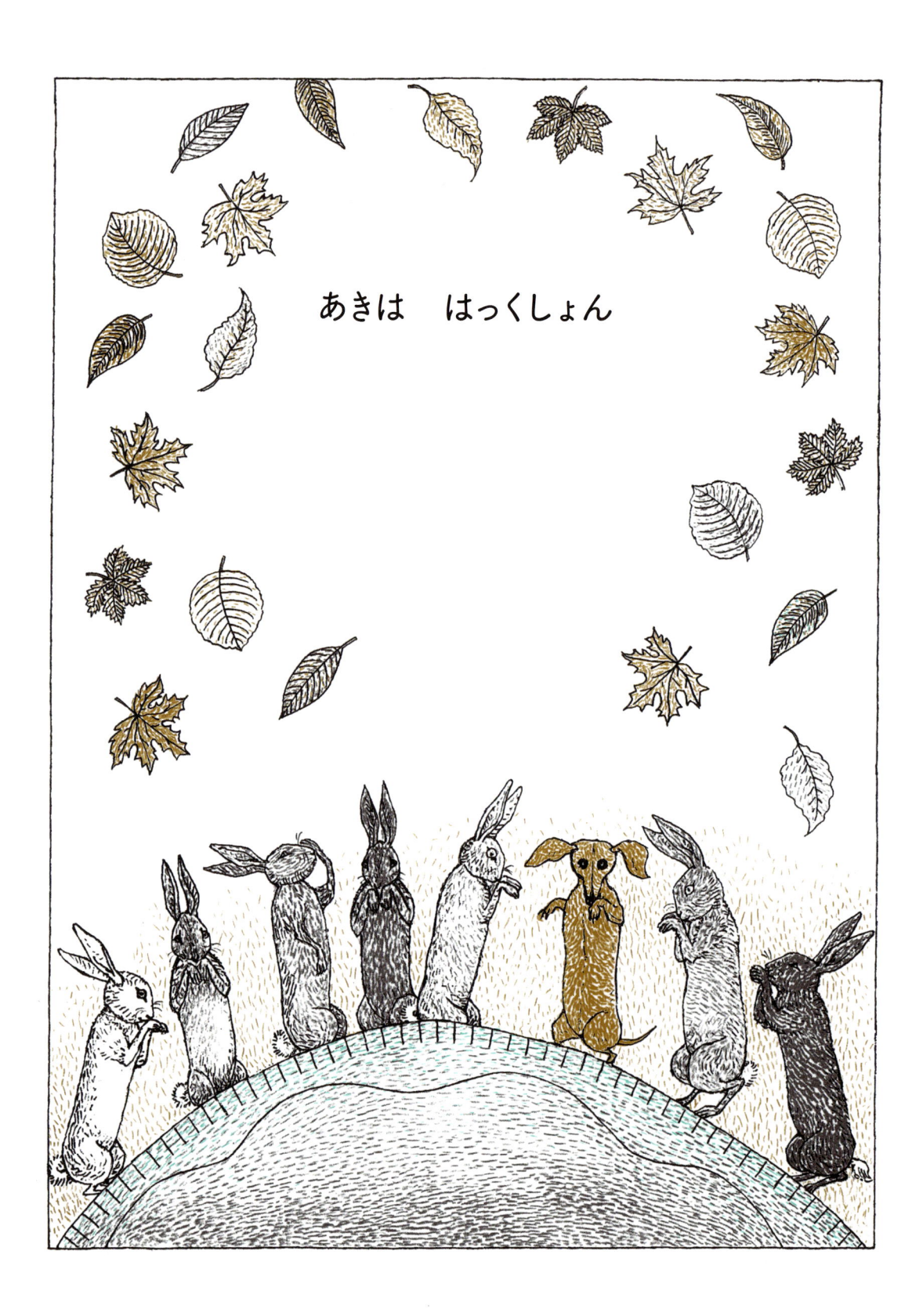

あきは　ひんやり

ふゆは　すってんころりん

ふゆは　つるんつるん

ふゆは　ゆきだるま

ふゆは　はるをまつ

作　ジャニーナ・ドマンスカ

　1913年、ポーランドのワルシャワ生まれ。ワル
シャワ美術学校で学んだのちアメリカへ。ニュー
ヨークでデザイナーやフリーのアーティストとし
て活躍したあと、こどもの本の作家、イラストレー
ターとしても、たくさんの作品を手がけた。

訳　谷川俊太郎

　1931年、東京生まれ。詩人。『二十億光年の孤独』
(1952)で一躍注目を集める。以後、詩作はもとより、
映画やラジオのシナリオ、芝居の台本、作詞、評論、
エッセイ、対談と多彩な活動を続けている。こど
もの本への関心も高く、作品に『ことばあそびうた』
『わたし』『みみをすます』(ともに福音館書店)、翻
訳に『フレデリック』などのレオ・レオニの作品
シリーズ(好学社)、『マザーグースのうた』(草思社)、
『とっときのとっかえっこ』『しずかでにぎやかな
ほん』『ちいさな島』(童話館出版)など多数。